はじめに

　未体験なことに臨む時，人はワクワクとした好奇心が沸き上がります。

　未体験なことを指導する際には，ドキドキとした緊張感が沸き上がります。

　　誰かの好奇心や緊張感は，誰かへと移り，その場を支配します。

　「日本語もままらない小学生に英語なんて……」「小学生は頭が混乱するのではないか」等といった不安の声が上がる中での小学校英語のスタートでした。

　しかし，見えてきた課題は英語学習という未体験なことに，ワクワクとした好奇心が沸き上がった子ども側ではなく，私たち教師側にありました。

　私たちは，小学校で英語を学習したことがありません。小学生時代に英語を教えられたことがありません。したことがない，未体験なことを指導した結果……教師のドキドキとした緊張感が教室を支配し，子どもが英語を声に出しづらくなる，英語で表現することを拒んでしまうといった空間・時間を創り出してしまいました。英語の時間が子どもたちにとって楽しくない時間になってしまったのです。

　　　　相撲には決まり手が48手あります。

　　　勝つという目的のために48の技が存在するのです。

本書では英語時間に教師が，子どもが笑顔になることを目的とした48の外国語活動を紹介します。いずれの活動も準備物はほとんど必要なく，手軽に気軽に取り組むことができる活動ばかりです。

　「英語の授業はおもしろいから大好き！」子どもの笑顔が，笑い声が張りつめた雰囲気を和らげ，英語で表現がしたくなる教室環境を創り出します。

　笑顔が笑いが，私たち教師の緊張感を解放し，子どもにとって魅力ある英語授業へと導いてくれます。本書が子どもの，教師の笑顔で溢れる英語授業づくりの一助となることを……ただただ願っています。

2019年９月　　　　　　　　　授業力＆学級づくり研究会　日野英之

■■■Contents■■■

ただただおもしろい

外 国 語 活 動 48 手

まずは王道から！
英語定番ゲーム

体を動かして！英語アクティビティ

頭を使って！
英語頭脳ゲーム

パネル・カードを活用して！英語チーム活動

これ外国語活動⁉ 英語ユニークメニュー

外国語活動の基礎知識

> 小学校における外国語活動で育む力はコミュニケーション能力。子どもたちがおもしろいと感じる活動を通して，心身ともにリラックスした状態をつくり出すことがポイントです。

英語で養う力はコミュニケーション能力！

■「英語」で養う力はコミュニケーション能力

　英語では，音声や語彙，表現，文法，言語の働きなどを理解するとともに，聞くこと，読むこと，話すこと，書くことによる実際のコミュニケーションにおいて活用できる技能を身に付けるようにします。英語で育む力はコミュニケーション能力！　コミュニケーションの目的や場面，状況などを意識した活動を授業の中に取り組んでいきましょう。

■ コミュニケーションを育むことができる外国語活動

　「コミュニケーションを取りましょう！」と言って，英語を活用し，コミュニケーションを取ることができるのであるならば，それほど楽な話はありません。日本人はコミュニケーションを図ることが非常に下手な人種だと言われています。ましてや日本語ではなく，英語を使ってとなると，尚のこと苦

手とする人は増えることでしょう。話す・聞く・書くなどコミュニケーションを取る際に必要となる基本の活動に"おもしろさ"のエッセンスを加えることで，言葉や他者との関わりに対する抵抗感をなくし，思わず他者とコミュニケーションを取ってしまう，他者とコミュニケーションを図ることが楽しいと思うことができる英語の時間にしましょう。

■ 三者を対象としたコミュニケーション

コミュニケーションを取ることがおもしろいと思わせるために3つの対象を意識しましょう。

・自分自身

相手とのコミュニケーションを楽しむためには，まずは自分自身とのコミュニケーションを楽しみましょう。声に出してみることの快感，英語が話せた，使えた喜び。できた喜びを重ねることで英語をコミュニケーションツールとして活用したくなります。活動の中では自分と向き合う時間をしっかりと確保するようにしましょう。

・友だち

「自分が話した，書いた英語が伝わった」「相手が話した，書いた言葉が理解できた」「コミュニケーションツールとして活用した英語が伝わった，理解できた」という喜び，達成感を積み重ねることでコミュニケーションの幅を広げたくなります。ペアでグループで，クラス全体へ，……多くの友だちと関わる場面を設定するようにしましょう。

・クラスの外

違うクラス，違う学年，家庭でと学習した英語を活用してみる，使ってみる。学級の中で通用した喜びとはまた一味違った味わいが，コミュニケーションの質を高めます。本書で紹介している活動はすべてにおいて特別な道具は必要とせず，いつでもどこでも取り組むことができます。自分自身，友だち，家庭……と英語を使用する範囲を広げていき，コミュニケーション能力を高めていきましょう。

ただただおもしろくする
外国語活動のコツ！

英語は，表現することが苦手な子どもにとっては恥ずかしいと感じる時間になってしまいがちです。活動にひと工夫を加え，子どもたちが楽しい，おもしろいと思える時間にしましょう！

みんなが楽しくなる「外国語活動」のコツ！

■ゲーム性

「アウト！」「今のは，ゴーでしょ」等，子どもは遊ぶ際に，色々な英語を話しています。つまりは元来，子どもは英語は知っている言葉であり，使っている言葉なわけです。ところがいざ英語の時間に「英語を使ってみましょう！」となると，途端に緊張し，緊張しているが故に普段話している，使っているはずの英語が English となり，話せなくなるのです。

緊張感をほぐす，取り除くために有効なのが，"笑顔"です。人間は楽しさやおもしろさを感じている時は，緊張感のないリラックスした状態になります。活動にゲーム性を持たせ，おもいっきり子どもたちを楽しませ，笑顔にさせましょう。子どもたちは積極的に英語を話すことでしょう。

■ 協調性

　緊張すると, 英語が途端に話せなくなるということは前頁で紹介しました。緊張感を取り除くもう1つ大切な要素は協調性です。独唱, 独奏, 独話など1人で大勢の前で話したり, 表現したりすることは非常に緊張を伴う活動です。ですが, 1人が2人に, 2人が3人と活動での人数が増えていくにつれ, 緊張が薄まり, 話す声が大きくなる, 表現の仕方が大きくなるといったことはよくあることです。外国語活動も「一緒に」や「同時に」という観点を大切にしながら, 1人での活動を少なくすることで, 緊張感が緩和されます。特に外国語活動に対し, 不安の多い年度始めは, 「〇人と〜する」といったミッション系の活動や, 1つのワードやセンテンスを複数人で同時に言う等の活動を中心に行うことで, 教室中に子どもの元気な声と笑顔が広がることでしょう。

■ 許容性

　思い切って発言してみた, 勇気をふりしぼって発音してみた。その結果, クラスのみんなから笑われた。がんばったことが報われなかったり, がんばったことに対し嘲笑されたりすると, 子どもは大人の思っている以上に傷つくものです。同じように挑戦する機会があったとしても, 避けたり逃げたりすることでしょう。これは英語のみならず, どんな教科の学習においても言えることです。失敗するのが当たり前, 失敗を恐れて挑戦しないことよりも, 失敗を恐れずに積極的に挑戦する子どもが評価される時間にしましょう。教師がわざと間違える, 必ず発表終わりにみんなで拍手をする, 間違ったら「ドンマイ！」とハイタッチをする。様々な工夫で, 学級全体が失敗を許容する雰囲気を！

こんな子どもとはこんな外国語活動を！

本誌で紹介する48手の外国語活動。
どんな活動があるのでしょう？ 子どものタイプ
に分けて，おススメの活動を紹介していきます。

48手の「外国語活動」！

　英語の時間をより楽しく，よりおもしろいものにするための外国語活動。子どものタイプによって使いわけすることでより魅力的な英語の時間になることでしょう。

① 定番好きな子ども向け 　流行には流されたくない・流行についていけない子どもには，定番の活動を！	**1**英単語ビンゴ　**11**ジェスチャーゲーム **2**イラスト早押し　**15**Simon says **3**英語ジャンケン　**34**パネルゲーム **5**間違い探し　**35**神経衰弱 **10**伝言ゲーム

② 知的な子ども向け		
知的な子どもには思考力や記憶力を要する活動を！	7 順番につなごう 23 3ヒントクイズ 24 3と3の倍数 25 曜日つなげて	28 10の質問 29 重ねて重ねて 31 Who is ～？ 39 めくって文作って！

③ 活動的な子ども向け		
じっとすることが苦手な子どもには，頭よりも先に口を動かす，手を動かす，足を動かすといった活動を！	6 単語早口 12 さわれっ！ 13 フラッグ 14 何でもバスケット 17 スイカタッチ	20 たけのこニョッキ 42 ファッションショー 47 ピ○太郎ゲーム 48 重さはいくつ

④ 頭の回転が速い子ども向け		
見たことをすぐに言葉にできる！・どんな質問もすぐに答えてしまう……頭の回転の速い子どもには発想力を要する活動を！	4 キーワードゲーム 9 英語しりとり 27 ナンバードン！ 32 英単語列車 38 並んで！	41 反対語 43 英語でストーリー作り 44 If you say banana 45 同時通訳ゲーム

⑤ おっとりとした子ども向け		
おっとりとした性格の子どもには，競い合うものより，みんなで協力して達成感を味わうことができる活動を！	8 せーのっ！ 16 バースディチェーン 21 伝言絵描き	22 案内しよう 26 Yesを集めろ！ 30 What time

⑥ 新しいもの好きな子ども向け		
とにかく新しいものが好き，斬新なものが好きな子どもには，今までしたことも見たこともない活動を！	18 イラスト指差し 19 だーるまさん 33 色カード対決 36 ただただ おもしろい発音	37 What do you want 40 いつ使うのこの センテンス 46 I want to go to ゲーム

ただただおもしろい外国語活動 48手

英単語ビンゴ

こんな決まり手！

先生　「じゃあ最後に『英単語ビンゴ』やるよ！」

　　　「今日習った単語を9つのマスの中に書いてね」

子ども「今日は食べ物だったね。真ん中は『apple』にしよう」

子ども「9つうめたよー！」

先生　「では1つ目は……『apple!』」　子ども「やったー！」

注意事項！

- マス目に描くのはイラストでOK！
- 先生に続いて，単語を大きな声で言わせましょう！

解 説

　脈々と受け継がれてきた「ビンゴゲーム」。もはや説明不必要の老若男女が楽しめるゲームだ。

　ビンゴカードに記入するのは，低学年ならばイラスト，高学年ならばスペルを書かせるなど，発達段階に応じて変えるとよいだろう。

　授業で教えた，習った単語をすぐさま「ビンゴ」のお題に用いることで，復習にも利用することができる。ただし放っておけば，あまり英語を活用することなく終わってしまうので，そこは注意されたし。

応 用 !

■ 子どもに言わせる

　開ける箇所を子どもに言わせる。長所は２つ。必ず１つの穴が開くことと時間の短縮。

■ ビンゴにならない人の勝ち

　いつまで経っても，１列が揃わない……たまには，ビンゴにならない人にスポットライトを当てよう！

■ ○○バージョン

　果物のみならず，数字，動物，色等様々なテーマでのビンゴに取り組み，楽しみましょう！

 禁じ手

単語を聞いてから，紙に書いて，穴を開ける……。

イラスト早押しゲーム

What is this?

Pencil！

こんな決まり手！

先生　「イラスト早押しゲームいくよ！」「What is this?」

子どもたち「はい，はい，はい……」

先生　「じゃあ○○さん」

子どもA「はい！　Pencil！」

先生　「正解！」　子どもA「ヤッター！」

注意事項！

- わかったらはっきりと答えを言わせましょう！
- 同じ子どもばかりを当てないように気をつけましょう。

解 説

　早押し問題はとにかく盛り上がる！　教師はただただイラストをめくって，わかった子を当てるだけ。これだけで子どもたちは夢中になるのだから，教師にとってはお得なゲームと言えよう。

　早くに手を挙げる子どもばかりを当てると，解答する子どもが同じになってしまう可能性があるので，なるべく多くの子どもたちに答えさせることを意識すべし。国語や算数等，英語の時間以外も英語を叫ぶ子どもが出ないように気をつけられたし。

応 用 ！

■ ピンポンの工夫

　手を挙げて，「はい！」ではなく，口で「ピンポン！」と言わせたり，教師を笑わせる一言を言わせる等すると，ただただ盛り上がる！

■ イラストの中に英語で答えにくいものを混ぜる

　テンポよく進んでいく中で，サ○エさんやドラ○もん，芸能人の写真などを混ぜておくと，「シャジャエシャン」等，英語っぽく答えるからおもしろい。

■ 答える順番を早押しにしない

　子どもたちはわかった順に「1（one）」「2（two）」等と言いながら立っていく。教師がナンバーカードを持っていて，カードに書かれた数字の子どもが答える。

禁じ手
全部のイラストに "Apple！" と答える……。

英語ジャンケン

rock scissors paper 123!

rock scissors paper 123!

こんな決まり手！

先生 「英語ジャンケンで決めるよ！ せーの！」

先生・子ども「Rock scissors paper 123 ！」

先生 「負けた子は座る〜！ 次いくよ〜！」

先生・子ども「Rock scissors paper 123 ！」

子ども「ヤッター！ チャンピオンだ！」

注意事項！

- 発音はしっかりとしよう！
- 全員一緒に大きな声で。
  雰囲気を盛り上げよう！

解説

　いつでもどこでも盛り上がるジャンケン。英語版なら更に盛り上がる。

　"Rock scissors paper 123！" 低学年の子たちはフレーズのリズム感に，高学年の子どもたちは「私，今英語で使っています」感に浸ることだろう。鬼ごっこの鬼を決める際に，給食のおかわりの際に等，ありとあらゆる場面で英語ジャンケンを活用しよう。慣れてくればジャンケンといえば "Rock scissors paper 123！" に！　年配の方にしても通じないこともあるので，気をつけよ。

応用！

■ ポーズをつける

　「rock」はかがむ，「scissors」は手でピースサイン，「paper」は両手を上にあげ，体を揺らす等ポーズをつけることで盛り上がること間違いなし！

■ "Rock scissors paper" の言葉を変える

　「水は火を消せる，火は花を燃やす，花は水がないと生きていけない」ならば "Water fire flower 123！" 様々なバリエーションができておもしろい。

■ ポイント制にする

　rock で勝ったら1点，scissors で勝ったら2点，paper で勝ったら5点。時間内に一番多くポイントを獲得した子どもの勝ち！

禁じ手

「ロック」の時に激しい巻き舌を使う……。

キーワードゲーム

Pencil！

こんな決まり手！

先生　「『キーワードゲーム』やるよ。キーワード イズ pencil！」

先生　「ルーラー」　子どもA・B「ルーラー」

先生　「ノートブック」　子どもA・B「ノートブック」

先生　「pencil」　子どもA「やったー！」

注意事項！

■ キーワード以外の言葉の時は，大きな声で繰り
返させましょう！

■ 待っている際，両手は頭の上に置いておきま
しょう。

解 説

　用意する物は消しゴム１つ。準備物が少なく，ルールも簡単で，誰でも盛り上がることができるのが特徴だ。２人が向い合わせになって座る。出題者がキーワードを１つ決めて，ゲームスタート。ゲーム中，両手は頭の上。リズムに乗って出題者が発する言葉に続いて，その言葉を繰り返す。出題者からキーワードが発せられた時，真ん中の消しゴムを先に取った方が勝ちとなる。興奮しすぎて，消しゴムを取る際，相手の顔を叩いたり，突き指をしたりする可能性大。気をつけたまえ。

応 用 !

■ ○○語

　英語以外の外国語を扱うととても盛り上がる。聞いたことのない言葉なので，誰にでも勝つチャンスがある。もはや外国語活動ではなくなってしまうが……。

■ ２人の距離を離す

　２人の距離を離し，消しゴムまで３ｍぐらいにする。ビーチフラッグの要素も入り，体育会系の子どもに活躍の機会が！

■ 似た言葉を大きな声で言う

　出題者（先生）がキーワードに似た言葉をただただ大きな声で言う。声の大きさと勢いに，間違う子どもが続出する。

禁じ手

言葉を聞かず，相手だけを見て「瞬発性」のみで勝負する……。

間違い探しゲーム

では，2つの絵の違いは？

えーと nose……

こんな決まり手！

先生 　　「この絵のおかしいところど〜こだ？」

子どもたち「はいはいはい……」

先生 　　「じゃあ○○くん！」

子ども A 「え〜，nose is very short！」

先生 　　「OK！」　子ども A 「ヤッター！」

注意事項！

- 文になっていなくてもニュアンスが伝われば正解にしましょう！
- おかしなところがはっきりとわかるイラストに！

解説

　どの学年でも盛り上がる間違い探しゲーム。イラストを作ることに多少時間を割かれるが，一度作ってしまえばすべての学年で，学級で活用できる。同じイラストでも，低学年ならば5つぐらいしか答えが出ないところが，高学年ならば10～20ぐらい出たり，たどたどしく答える低学年・中学年の方が案外盛り上がったりと幅広く，またそのおもしろさを予想できないところが魅力的だ。細々（こまごま）としたところまで探し出してくる子どもには要注意されたし……。

応用 !

■ 早押しではなく，グループでじっくり考えさせる

　間違いにすぐ気づく子ども，間違いには気づかないが英語の得意な子ども等，じっくりグループで時間を設けることで活躍する子どもの幅が広がる！

■ 英語っぽく答えたら OK！

　単語は答えられるけど，センテンスにするのはちょっと……という子どもには日本語を英語っぽく発音できれば OK！　としよう。

■ 問題を出し合う

　イラストを子どもに描かせてみよう。英語の不得意な子どももイラストで輝く場面が出てくる可能性も！

禁じ手

「髪の毛はクルクルじゃない」「犬はワンワンではなく，ボウボウと吠えるはずだ」等，自分の価値観だけで答える子……。

単語早口選手権

> Notebook,
> Notebook,
> Notebook……

> Notebook,
> Notebook,
> Notebook,
> Notebook,
> Notebook……
> 5回言った！
> 私の勝ち！

こんな決まり手！

先生　「『単語早口対決』いくよ〜！（イラスト見せて）単語はこれ」
　　　「よういスタート！」

子どもA　「Notebook, notebook, notebook……」

子どもB　「Notebook, notebook, notebook, notebook, notebook
　　　……5回言った！　私の勝ち！」

注意事項！

- 言葉ははっきりと大きな声で！
- 低学年には短い言いやすい言葉を選択しよう！

解説

　　いつでもどこでも簡単にできる「早口言葉」。途中で詰まったり，言葉を言い間違えることで盛り上がる。そんな早口言葉。英語バージョンが盛り上がらないわけがない。言いづらい単語を，繰り返し繰り返し，口に出して練習する子どもが続出。勝負にこだわる子どもは家でも練習することだろう。気がつけば「p」などの破裂音や「r」と「l」の違いをマスターできていることも。授業中にも練習する子どもが続出する可能性大。盛り上がり過ぎに注意されたし。

応用！

■ ジェスチャーを交えて

　"I can fly, I can fly, I can fly……" を飛びながら言う。その姿がただただおもしろい。

■ People pick pink peas （「みんなはピンクの豆を摘んでいる」）

　破裂音を交えた早口言葉。「『ピ』を大げさに！」と一言付け加えるだけで，言いづらさと言葉を発する姿に大いに盛り上がる。

■ 英語と日本語を交互に繰り返す

　「hand 手 hand 手 hand 手……」もはや早口言葉でも何でもないが，楽しみながら単語の意味を覚えられるという一石二鳥。

 禁じ手

"miss, miss, miss……"（失敗，失敗，失敗）等，マイナス要素の単語を繰り返させる。

順番につなごう

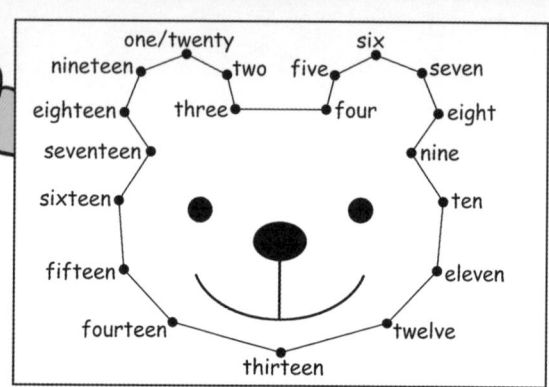

One, Two, Three……
あ！ クマだ！

こんな決まり手！

先生　「何が浮かび上がってくるかな？」

子どもＡ「One, Two, Three……」

子どもＢ「どこかで間違えっちゃたかな……何も出てこないよ」

子どもＡ「わかった！　クマだ！」

先生　「正解！」　子どもＡ「ヤッター！」

注意事項！

- 声に出してつないでいくと，周りの子どもへの ヒントにもなってよいでしょう。
- 点は30ぐらいにおさめよう！

解説

　　小さい頃，誰もが一度はやったことがあるであろう「点結び」。つないでいく毎に見えてくる全体像にゾクゾクワクワクした覚えはないだろうか。点の数字を英語に変えるだけで，英語の教材に早変わり！　どんな絵ができるのかが楽しみな子どもたちは一生懸命に「One, Two, Three……」と綴りを覚えることだろう。「One, Two, Three……Thirty！」で完成できるイラストが複数枚あれば1〜30までの英語は完璧だろう。算数のテスト。数字で書くところを英語で書く可能性あり。気をつけたまえ。

応用！

■ 曜日バージョン

　Sunday, Monday, Tuesday……Sunday！　順番につなぐとイラストが浮かび上がる。月バージョンやアルファベットバージョンもおもしろい！

■ ○○にまつわる箇所に色を塗る

　「数字」ならば「One, Two, Three……」等，数字の綴りだけに色を塗っていくとイラストが浮かび上がる。「one」ならぬ「on」や「two」ならぬ「twe」等のダミーも適度に織り交ぜておく。

■ 自分たちで問題を作ってみる

　完成した際は回答者も出題者側も両方ただただハッピーに！

禁じ手

順番につないでいくと，う○このイラストが
浮かび上がる……。

外国語活動 8 手目

せーのっ！

せーのっ！

Happy！

Happy！

こんな決まり手！

先生　「ジャンルは『気持ち』！　せーのっ！」
子どもＡ「Tired！」　子どもＢ「Sad！」
先生　「Not matching！」
先生　「せーのっ！」　子どもＡ・Ｂ「Happy！」
先生　「Matching！」

注意事項！

- 大きな声ではっきりと！
- 顔は正面で互いの口が見えないようにしよう！

解説

　「今，何食べたい？」「ハンバーグ！」「あ！　今，僕も同じこと考えてた。うれしい！」恋愛ドラマや漫画でのあるある会話。恋愛感情は抜きにしても，相手と考えていることが同じだったり，相手と同じタイミングで声を発するのは何とも嬉しいもの。そこをゲーム化したのが「せーのっ！」英語となれば喜びも2倍，3倍となることだろう。判定の "No, matching！" "Matching！" の先生の声も大事！　大袈裟に言うことで場も盛り上がる。

応用！

■「せーのっ！」を英語で！

　「せーのっ！」は英語で，"Here we go！" "Ready, set, go！" "Let's go！" それだけで場は大盛り上がり！

■ 事前の共有タイムの設定

　事前に共有タイムを設定しておくと，「好きな食べ物は？」「好きな曲は？」等，問われそうなことを予想して，自然に打ち合わせがはじまり，盛り上がる！

■ 絶対に答えられない質問をする

　「好きな時間は何時何分？　せーのっ！」「1〜200までで好きな数字は？せーのっ！」等，絶対に Matching できないお題を提示する。

禁じ手

何も言わず，ただ口を開いて言っているように見せる……。

英語しりとりゲーム

こんな決まり手！

先生　　「『英語しりとりゲーム』よ～い，スタート！」

子どもA「グッド！」　子どもB「ド，ド……ドーナツ！」

子どもB「ツ，ツ，ツナ！」　子どもB「ナ，ナ……ない！」

子どもA「やったー！」

子どもB「負けた。次は私からね！」

注意事項！

- テンポよく進めよう！
- 適当な英単語を作って，発せさせないようにしましょう。

解説

　「りんご」「ゴリラ」「ラッパ」……いつでも，どこでも，気軽に，手軽に遊ぶことができる「しりとり」は老若男女問わず愛されるゲーム。英語に限定することでますます盛り上がること間違いなし。長考を許してしまうと，場が盛り下がってしまうので，慣れてきたら一定のテンポで答えていけるようにしよう。苦し紛れに「ぼ，ぼ，ボロット！」など適当に答えて，英語に思わせる子どもも。一度許してしまうと，変な自信を持たせてしまうので，注意されたし。

応用！

■ つなげてしりとり

　対決ではなく，チーム戦。より多くの数の言葉をつなげられたチームの勝ち！

■ ジャンル限定しりとり

　時間がない時はこれ。「『文房具』縛りね。ルーラー」「ア，ア，……ないよ」先に言った者勝ち！

■ 文字数限定しりとり

　高学年向き。文字数に制限をかけることで一気に難易度が上がる。はじめは３文字縛りがおススメ。意外に続くからおもしろい。

禁じ手

「ラーメン」を「リャーメン」などと日本語なのにちょっと英語っぽく言って，ごまかす……。

伝言ゲーム

I want to be a teacher.
Because I like teaching.

I ボンド　ア　リーチャー　ビギニンズ……

こんな決まり手！

（各チームの1人目を集めて，ALTからお題となる英文を話す）

ALT 「I want to be a teacher. Because I like teaching.」

先生 「『伝言ゲーム』ようい……スタート!!!」

1人目 「I ボンド　ア　リーチャー。ビギニンズ……」

全チーム「もうわけがわからないよ！（笑）」

注意事項！

■ 単語レベルからはじめよう！

■ ALTにはゆっくりと話してもらうようにお願いしておこう！

解説

　定番ゲームの1つの「伝言ゲーム」！　日本語でさえも難しいのに，英語なんて……と思われている先生方も多いのではないだろうか。この"無理さ"が行き過ぎてて，逆におもしろい。"I want to be a teacher. Because I like teaching." どこでどう間違えるとそうなるのか，「アイアム　ロンドン。アイ　ラブ　ニューヨーク！」とまで変形する。どのチームも正解を狙わず，最後の人は全員が勘。正解を追求し過ぎて，英語嫌いを生み出さないように気をつけたまえ。

応用！

■ 全身表現 OK！

　言葉だけでなく，ジェスチャー OK！　答えもジェスチャーでもちろん OK で，ただただ盛り上がる。

■ 3ワード伝言ゲーム

　「red, green, yellow」等と3つの単語を伝言していき，最後の子が共通項を答える。「信号！」

■ 急いで伝言ゲーム！

　文字通り，早く伝言し，早くそのワードないしセンテンスを答えられたチームの勝ち！

禁じ手
わからなすぎて，相手の耳元で怪談話を話しはじめる……。

ジェスチャーゲーム

Baseball！

こんな決まり手！

先生　「制限時間内に何問クリアできるかな？　ようい，スタート！」
（ジェスチャーする子どもＡを見て）　子どもＢ「Baseball！」
子どもＡ「正解！」（ジェスチャーする子どもＢを見て）……
先生　「はーい，そこまで！　全部で10個クリア。新記録！」
子どもたち「やったー！」

注意事項！

- ジェスチャーしやすい単語をピックアップしましょう。
- 正解した子どもが次のジェスチャーをするようにしましょう。

解説

　提示されたお題を一言もしゃべらずに，動作（ジェスチャー）だけで相手に伝えるというゲーム。スポーツや動作をあらわす単語（eat や write）を学んだ後のアクテビティによいだろう。正解した子どもが次の出題者（ジェスチャーする側）に。正解者が数人に偏る場合は，名前の順や座席順等，順番を決めておくとよいだろう。

　国語や算数の授業中に答えをジェスチャーで伝えようとする子どもが出はじめたら，即刻中止すべし。

応用！

■ グループ対抗戦

　ルールは同じ。順番は一定。グループ戦にすることで，多くの子どもがジェスチャーすることができ，盛り上がる！

■ ジェスチャーリレー

　5人1チーム。最初の子どもがお題に沿ってジェスチャーをする。後は，そのジェスチャーを解釈した通りに表現し，つないでいく。最後の子どもがジェスチャーを英語で答えられたら OK！　珍解答続出に大爆笑が起こる。

■ 超難解なお題

　オットセイや蛇，東京スカイツリーなどをお題にする。ただただ静止……。

禁じ手

授業中に，ジェスチャーで担任の先生の悪口を言う……。

外国語活動 **12** 手目

さわれっ！

> Blackboard！

> 黒板だー！

こんな決まり手！

先生　「『さわれっ！』やろうか。3人組になってください」
子どもA「じゃあ僕が司会するね。First word is Blackboard！」
子どもB・C「黒板だー！」（黒板に向かってダッシュ）
子どもB「先に触ったよ！」　先生「Bの勝ち！」
子どもB「やったー！」

注意事項！

- 他のグループとぶつからないように，気をつけましょう。
- 司会の役割は順番交代で！

解 説

　3人1組で行うゲーム。1人が司会（出題者）となって教室にある物の名前を英語で発する。回答者の2人は，言われた物を探し，先にその物にタッチした方が勝ち。pencil（えんぴつ）やeraser（消しゴム）等，基本的な単語はもちろん，pencil sharpener（えんぴつけずり）やthumbtack（画鋲）等のあまり使われない単語等は勘で全く違うものをタッチする姿が見られ，それはそれで盛り上がる。身体等はセクハラ行為となるので，お題から外すようにしておくべし。

応 用 ！

■ チームで取り組む。

　3人対3人。司会から出された3つのワードを3人がそれぞれ触ることができた方が勝ち！　チームワークの要素が加わり，ますます盛り上がる。

■ お題をなぞなぞ風に

　"He is been always rubbed.（彼はいつも擦られています）" など，使い方の例などを示す。なぞなぞを解く感じで盛り上がる。

■ 英和辞典を使って

　言われたお題の言葉を辞書の中から先に見つけ出した方の勝ち！　楽しみながら辞書を引く速さも鍛えられ，まさに一石二鳥！

禁じ手

　"Me!" と言って自分に触れさせようとする男の子……。

フラッグゲーム

> Right up,
> Left down,
> Right up and
> left up !

> なかなか難しいな……

こんな決まり手！

先生　「『フラッグゲーム』やりましょうか」　子ども「ヤッター！」

先生　「Right up, Left down, Right up and left up!」

子ども「ふ～。何とかついていけたよ！」

先生　「じゃあ今度はもっとテンポを上げるよ！」「Right up, left down……」

子ども「ダメだ～。もうついていけないよ」

注意事項！

■ はじめはゆっくりと。全員がクリアできる速さ
　で。

■ テンポを上げても，はっきりと発音することを
　心がけましょう！

解説

　「赤上げて，白上げて，白下げないで……赤下げない！」ご存知の旗上げゲーム。英語で試みたのが「フラッグゲーム」。"方向"を学んだ後や授業のちょっとした隙間時間に取り組むのがよいだろう。旗を人数分用意するのは大変なので，手で。"Right up，Left down，Right up and left up！" 低学年の子どもはもちろん，高学年の子どもが手をバタつかせながら楽しむ姿に胸がキュンとなること間違いない。家でする際には，ゲームの急な国際化に親御さんがビックリする可能性大。説明を十分にされたし。

応用！

■ 回るやジャンプなど簡単な動作を付け加える

　"Right up, Left down, Right up and ……everyone jump！" 動作を加えることで，より一層盛り上がる。

■ Face-to-face ゲーム

　２人組で向かい合わせになって取り組む対戦型ゲーム。聞くだけでなく，言葉を発することで英語の力がより一層磨かれる。

■ 全部反対！

　「右手上げて！」ならば左手を下げる，「左手下げて！」ならば右手を上げる。言う側も，する側もみんなパニック！

禁じ手

手を上げたり，下げたりする風圧で先生の被っているかつらを飛ばさないように……。

何でもバスケット

Cherry!!

こんな決まり手！

先生　「久しぶりに『何でもバスケット』しましょう！　今日は英語版ね」

子ども「難しそう……」

先生　「まずは先生から。Morning, eating bread！」

子どもA「パン，食べた食べた」　子どもB「私も私も」

子どもC「あー！　座れなかった。じゃあいくよ……」

注意事項！

- 文にならなくてもOK！　単語を並べて伝えよう！
- 当てはまる子どもがいないお題の時は言い直しを！

解説

　フルーツバスケットはご存知であろう。サークルになって座り，5人ごとにイチゴ，メロン，みかん等に分けていく。オニが「みかん！」と言えば，みかんグループが，「メロン！」と言えばメログループが空いた座席をめざして座る。何でもバスケットも基本的なルールは同じ。グループは決められておらず，オニの言った言葉に当てはまる子どもが移動する。英語で話すのは難しいので，知っている単語を羅列できればOK！　日本語を英語っぽく話す子どもが続出……それはそれでいとおかし。

応用！

■ 2語でお題

　「Morning, bread（朝，パンを食べた人）」「Tonight, TV（今晩，テレビを観る予定の人）」など2語限定で誰でも気軽にオニができる！

■ 日本語を英語っぽく言う

　文字通り，「にゃりゃいぎょとをしちぇいるふぃと（習い事をしている人）」等，日本語を英語っぽく言うのもOK！

■ "Party People！" で全員移動のルールを加える

　「パーティー……ピーポー!!!」ノリと言葉にただただ盛り上がる！

禁じ手

「トイレット，う○こ，ジャー」とう○こだけ英訳しない……。

Simon says ゲーム

Simon says
……run !

走れってことね！

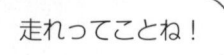

こんな決まり手！

先生　「サイモンセイズ……Run！」

子ども「走る！」

先生　「サイモンセイズ……Run fast！」

子ども「よおし，速くね！」　先生「More fast！」

子ども「よおし，もっとね！」　先生「今，必死の子アウト！（笑）」

注意事項！

■ 大きな音になることになることがあるので，気をつけましょう。

■ サイモンセイズの後は少し間を開けて，ドキドキ感を創り出そう！

解説

　船長さんが命令を出し，それに従った行動がとれるかどうかが試されるゲーム。命令には普通の命令と，船長さんの命令（Simon says）の2種類がある。船長さんの命令には従わなければならないが，普通の命令に従ってはならぬ。いつ，どのタイミングで普通の命令を出し，相手を引っ掛けるのかが鍵。ずーっと，船長さんの命令（Simon says）でもつまらないし，ずーっと普通の命令でもつまらない。よきタイミングで普通の命令を出し，多くの子どもを騙すべし。

応用！

■ "Teacher says……" を加える

　"Teacher says……" の命令は，過剰に大袈裟に反応しなけれならない。"Run fast！" の場合は額から汗が出るくらいに！　ただただ盛り上がる。

■ 無茶を言う

　"Simon says run around." "Simon says run around fast." "Simon says run more fast." を繰り返す。その場に倒れる子どもが続出。

■ できないことを言う

　"Simon says 10 m jump！" できない命令が出た時は，"You are doing Misero！" と言って返す。選択肢が広がり，おもしろさが増します！

禁じ手

「サンコンセイズ……」等，過去の有名芸能人の名前を出して騙す。知らなさ過ぎて何も盛り上がらない……。

外国語活動 **16** 手目

バースディチェーン

こんな決まり手！

先生 「『バースディチェーン』をしますよ」「When is your birthday?」

子どもA 「May, May, May, May, May, May……」

子どもB 「May, May, May, May, May, May……」

子どもA 「My birthday is 8th.」 子どもB 「My birthday is 7th.」

子どもA 「Here you are.」 子どもB 「Thank you.」

注意事項！

- 子どもが答えやすいお題にしましょう！
- 並ぶ際も，もちろん英語で！ ジェスチャーも
OK！

解説

　　学級開きや互いのことを知る機会などに取り組まれることの多い「バースディチェーン」。提示されたお題に対して，順番に並ぶというもの。時間制限を加えたり，グループ対抗戦にしたりとそのバリエーションは様々。目的によって使い分けるとよい。

　　外国語活動で大切にしたいのは，並ぶ際のコミュニケーションをいかに図るかということ。たどたどしい英語でも相手に伝えようとすることが大切。我慢ならず日本語を使いまくる子どもが出てこないように注意せよ。

応用 ！

■ 身長順

　見た目でわかりそうだが，中には mm 単位の差の場合も。"What mm?" など意味のわからない文などでコミュニケーションを図る姿がおもしろい。

■ カテゴリー分け

　"What fruits do you like?" "Banana！" "Apple！" 全員がカテゴリーに分かれることができれば終了！

■ ○○愛着度数順

　"How much do you like Ultraman?" "10 (TEN)" "99" "0" など好きな度合い順番に並ぶ。0～∞まで表現できるので数字の学習がすすむ！

禁じ手
並ぶ間中，ずーっと英語っぽく日本語を話し続ける子ども……。

スイカタッチ

Right !
Left !

こんな決まり手！

先生　「『スイカタッチ』やるよ！」

グループA「僕がいくね」　グループB「私がいくね」

先生　「よういはじめ」　グループA「Right, right」　グループB「Stop！
Right！……バシッ」

グループA「やったー！」

注意事項！

■ 十分に広い場所で行うようにしましょう。

■ 周りからの指示は，もちろん英語で！

解説

　家族で海水浴と言えば……スイカ割り！　農作物の高騰や安全面から，近年ではすっかり見る機会も減ってしまいました。そこで，安心安全なゲームで子どもたちの日頃のストレスを発散してもらおうではないか。

　歯がゆさから，ついつい日本語で指示を出してしまいがちになるが，そこはぐっとこらえて，我慢するべし。ターゲットはもちろんスイカ！　じゃなく，ボールやぬいぐるみなど安全面を考慮したものを活用するように心がけよう。

応用！

■ 目隠し＆10回転

　スイカ割りの代名詞である，目隠しとバットを中心軸にした右回り10回は盛り上がること間違いない。

■ 指示逆

　right は left，left は right 等，「指示逆バージョン」で行ってみると，周りも当人も大混乱！

■ 掛け声オンリー

　指示は「Watermelon」のみ。「Watermelon」の強弱や速さの違いから予想して進路を進め！

禁じ手
ターゲット以外をぼこぼこにする……。

イラスト指差しゲーム

> He eat a hamburger.

> はい！
> P○○です！

こんな決まり手！

先生　「久しぶりに『イラスト指差しゲーム』やろうか」
　　　「では，第1問」「He eat a hamburger.」
子どもA「（教科書をめくりながら）どこかで見たぞ！」
子どもB「見つけた！　教科書P○○だ！」
先生　「正解！」　子どもB「やったー！」

注意事項！

- 子どもが知っている簡単な単語を問題に使うようにしましょう。
- 複数あるイラストの場合は，全部正解に！

解説

　図書の時間。「○○を探せ！」や「○ッケ！」等の本は低学年から高学年まで年齢に関係なく大人気。子どもはお題に沿ったイラストを探すという活動が大好きなわけだ。そのイラスト探しをそのままゲームにしたのが，この「イラスト指差しゲーム」である。英語の苦手な子どもも知っている単語を聞き取って，夢中になって探す。夢中になり過ぎて，授業中に，おもしろいイラストや，どこにどんなイラストが描かれてのかを暗記する子どもが出てきた場合は，即刻中止を。

応用！

■ 条件を増やす。

　"He eat a hamburger. He watches TV program." など，2センテンスにして条件を増やす。難易度が一気に高まる。

■ 明確な答えがないイラスト

　「かっこいい人」「かわいい人」等，どのイラストでも当てはまるようなお題をあえて問題にする。英語の苦手な子どもも答えられ，盛り上がる！

■ 正解した子どもが出題者に！

　文にしなくとも，知っている単語だけでもよい。単語も出てこない場合は，日本語でもOK！

禁じ手

「ハ○」や「デ○」など身体的な特徴を問題として出す……。

だーるまさんが指示をするゲーム

だーるまさんが
Take your hands
on your heads !

こんな決まり手！

先生 「『だーるまさんが指示するゲーム』するよ」

（オニを1人決めて……）

先生 「では，よういスタート！」

オニ 「Take your hands on your heads !」

子どもA「できたー！」 子どもB「わからなかった……」

注意事項！

■ 初めは「Head」や「Hand」等単語レベルから。

■ オニの人ははっきりと大きな声で言うようにと
指示しましょう。

解説

　寒い冬の運動場。ほかほかの職員室から見下ろすと……やってる，やってる「だるまさんがころんだ」。動いてはいけない！　体は寒いだろうに，それでもやってしまう不思議な魅力がある「だるまさんがころんだ」。英語バージョンは更に盛り上がる。オニは体の部位を♪　だーるまさんが……のリズムで言うだけ。言われた部位をオニが振り返るまでに触っていたらOK！　慣れてきたら「up」や「down」等の動きを入れていこう。興奮しすぎて，ケガなどが多発する可能性も……気をつけたまえ。

応用！

■ 動きも入れて！

　元祖「だーるまさんがころんだ」のルール。指示を受けながら，少しずつ進んで……。聞きながら，動きながら，混乱具合がすごい！

■ "I Daruma-san fell ～"

　元祖「だーるまさんがころんだ」のルールで，言葉を英語でやってしまおう！　ただただ盛り上がる。

■ 表情バージョン

　smile, angry, enjoy, sad……指示通りの表情ができるか。互いの変顔に……オニ1人で大盛り上がり！

禁じ手

隣の子をちら見してから，持ち前の反射神経でごまかす……。

たけのこニョッキ

ワン
1ニョッキ

こんな決まり手！

先生 「『たけのこニョッキ』やるよ！」「よういはじめ！」

子どもA「1ニョッキ」 子どもB「2ニョッキ」

子どもC・D「3ニョッキ！ あー。」

先生 「では，C・Dの負け」 子どもA・B「やったー！」

注意事項！

■ 自分が立ち上がる時は大きな声とポーズを！
■ 当然，立ち上がる時は英語で！

解説

　一昔前,一世を風靡した「たけのこニョッキゲーム」のリバイバル。ルールは簡単。10人ほどのグループを作り,サークルを作って内向きで座る。「よういはじめ」の先生の合図と共に,ゲームスタート。左図のように頭上で手を合わせ,たけのこの先端を意識したポーズを取りながら「1ニョッキ」「2ニョッキ」……と他に人とかぶらないように立ち上がる。ただし自分以外の複数人が同時に立ってしまったらアウト。相手の性格や動き,周りの空気を読む力が必要となってくる。

応用 !

■ その日習った単語ニョッキ

　言葉のまま。その日授業で習った単語を「1」や「2」の代わりに用いてゲーム。例えばスポーツを取り扱った日は「ベースボールニョッキ!」「サッカーニョッキ!」等となる。

■ オリジナルポーズ

　ニョッキとポーズを変えてみてもおもしろい。ライオンガオー……1ガオー,2ガオー。当然ポーズはライオンポーズで!

■ かぶっていいよ

　何人同時にかぶることができるかを競い合うチーム戦。ただし,打ち合わせは禁物。

禁じ手
勢いよすぎて,天井に頭をぶつける……。

外国語活動 **21** 手目

伝言絵描きゲーム

Turn,Turn, クルクル

？？

何これ？

こんな決まり手！

先生 「『絵描き伝言ゲーム』するよ！ 伝える言葉は英語だけ」
　　（先生が班の1人の子どもに絵を配る）
先生 「ようい，はじめ！」
子どもA 「えーと……Right, Pen, Put. Curve line……クルクル」
子どもB 「なんだこの絵！（笑）」

注意事項！

- 擬音語はOK！
- できなくても，見本とのあまりの違いに大笑い
  で終わろう！

解説

　　グループ対抗戦。グループの内1人だけに正解のイラストを配る。イラストを配られた子どもは，そのイラストを見ながら，英語で指示を出す。文は難しいので，知っている単語を羅列させるとよいだろう。擬音語の活用も致し方ない。はじめは丸や直線で表された簡単な図形から取り組ませ，徐々に動物や道具をお題にしていくとよい。絵が複雑であればあるほど，説明が難しく，意味のわからない絵が生まれる。それはそれでなかなか粋なものである。

応用！

■ リレー形式（Part 1）

　　時間を区切って，リレー形式で少しずつイラストを完成させていく。誰かに任せることができないので，みんな必死になって聞き取ろうとする。

■ リレー形式（Part 2）

　　自分の順番が終わった子どもから，指示する側へ回る。色々な言葉が飛び交い，描く側はますますパニックに！

■ 日本語タイム

　　制限時間の中に「日本語 OK タイム」を設定する。その時間はまるで砂漠の中のオアシスのような幸せな時間。日本語の大切さにも気づくことだろう。

禁じ手
全部，擬音語……。

案内しようゲーム

Turn right,
Turn left……

こんな決まり手！

先生　　「はいじゃあボックスから案内地を選んで」「よ〜い，スタート！」

Ａチーム「Turn right, turn left」

Ｂチーム「Go straight, stop！」

先生　　「目的地へ先にたどり着いたチームはその場所を英語で答えてね」

子どもＢ「It's library！」　先生「Ｂチームの勝ち！」

注意事項！

- 人形を動かす人にゴール（目的地）を知らせないように！
- 教える際には，チーム全員で声を揃えて伝えるようにしましょう。

解説

　用意する物は地図と人形，目的地の名前が書かれた用紙と用紙を入れる箱。はじめに各チームの目的地を箱の中から適当に選ぶ。教師の合図とともに，ナビゲーターは旅人（人形を動かす人）に方向を示す指示（Turn right, Turn left 等）をします。旅人は指示の通りに人形を動かし，ナビゲーターは旅人が目的地に着いたら"Stop!"と言って止める。その場所を旅人が英語で言うことができれば勝ち。ゲーム終了後はしばらく，"Go straight!"の言葉が流行る。気をつけなされ。

応用！

■ 旅人に目隠しをさせる

　夏の風物詩"スイカ割り"のような光景に。あと少しでゴールなのに，適当な言葉が見当たらずに全く違うところへ……といったことも。

■ すごろく風

　通路をマス目にして，サイコロの目の数だけ進む。一マスごとにナビゲーターは指示を出すことができる。知能が活かされます！

■ リアル案内しようゲーム

　ボード上でなく，実際の世界で。教室中に目的地を設定し，旅人を誘導しよう！

 禁じ手

「Turn right」を繰り返し，旅人の目を回す……。

3ヒントクイズ

こんな決まり手！

先生　「ヒント出す人，前に出ておいで！」

子どもA「じゃあ私が出します！」

子どもA「ヒント1 soft」　子どもB「はい！　ソフトクリーム！」

子どもA「ブー！　ヒント2 crane game」　子どもC「はい！　マスコット？」

子どもA「ブー！　ヒント3 bear」　子どもD「Teddybear！」

子どもA「正解！」

注意事項！

- 習った英単語を答えにしましょう！
- ヒントの英語が出てこない時は日本語OK！

解説

　「♪　箱の中身は何だろうな？」箱の中身を手で探って，触った感触で当てるというゲームが一昔，テレビ番組で流行った。「3ヒントクイズ」は箱の中に入っているものに当てはまるキーワードを回答者に伝え，答えるといったゲーム。ヒントとなるキーワードは3つまで。正解すれば出題者も回答者も両方ハッピーの幸せなゲームだ。ヒントも英語がよいが，無理な場合は日本語でも OK としよう。それに甘えて答えも日本語で……もはや国語の授業であることに気づきたまえ。

応用！

■ 触ってOK！

　ヒントを出すのが難しい低学年は触って OK にしよう！　わーきゃーといった悲鳴や歓声が止まらない。

■ ヒントを○○限定

　ヒントを色限定，形限定，音限定など絞ってみる。極めつけは「私」限定。「私は好きです」「私は昨日食べました」……知ったこっちゃない。

■ 逆

　回答者が1人，出題者がその他全員。好き勝手ヒントを出し，制限時間内に答えられれば OK！　ただただうるさい……。

禁じ手
3回同じヒントを言う。意味がない……。

外国語活動 24 手目

3と3の倍数言っちゃだめよゲーム

1 (one)

2(two)

こんな決まり手！

先生　「『3と3の倍数言っちゃだめよゲーム』！」「ようい，はじめ！」

子どもA「1（one）」　子どもB「2（two）」　子どもC「パチン！」

子どもD「4（four）」　子どもE「5（five）」　子どもF「6（six）」

先生　「あー。6は3の倍数だから手拍子だったね」

子どもF「しまったー‼」

注意事項！

- テンポよく進めましょう。
- 大きな声で，はっきりと言うようにしましょう！

解説

　一昔前に世を席巻した「3と3の倍数言っちゃだめよゲーム」。1〜順番に数字を言っていき，3と3の倍数の時は手でパチンとするだけのゲーム。テンポがゆっくりなら簡単なゲームなのだが，テンポが速くなると間違いが続出するからおもしろい。3と3の倍数に慣れてきたら，4と4の倍数，5と5の倍数，はたまた3と5を組み合わせる等，ゲームのルールはバラエティに富んでいる。手を叩きすぎて，腫れ上がるようなことがないように，注意されたし。

応用！

■ みんなでつなごう

　チームで引っかからずにどれだけ続くことができるかどうかを競うゲーム。チームのメンバーとの絆が深まる！

■ 3と3の倍数の時はファルセットで

　ここまでくると本家のゲームそのものに。3と3の倍数の時は裏声で。声変わり真っ只中の男の子の貴重な高い声が聞こえる。

■ タイムトライアル

　100まで引っかからずに何秒でクリアできるかを競い合う。あまりの速さにもはや何を言ってるのかわからない……。

禁じ手

2人組で，2と2の倍数……。

曜日つなげてつなげて

Sunday,
Monday,
Tuesday！

Tuesday,
Wednesday,
Thursday

こ ん な 決 ま り 手 ！

先生 「『曜日つなげてつなげて』やるよ～！ Sunday！」

子どもA 「Sunday, Monday, Tuesday」

子どもB 「Tuesday, Wednesday, Thursday」

子どもA 「Thursday, Friday, Tuesday……あ！」

子どもB 「ヤッター！」

注意事項！

- テンポよく進めましょう！
- 人数が多すぎると，まわってこないので４人ぐらいのグループがよい！

解説

　　1グループ4人～5人組を作る。提示された曜日から3つの曜日をつなげていく。途中で引っかかったり，出てこなかったりしたら負けというゲーム。ルールを把握するまでは，個数を少なくしたり，テンポをゆっくりと進めるとよいだろう。英語が出てこない場合は，1つまで，2つまでなら日本語OKなどにしておくと，英語の苦手な子も楽しんで取り組めることだろう。3つとも日本語，しかも全員がとなると英語の学習でないことに気づかれよ。

応用！

■ 月をつなげてつなげて！

　文字通り，月版。「May, June, July」「July, August, September」……月以外にも数字や干支等，規則性のあるものならば ALL OK！

■ どれだけつなげられるかゲーム

　チームで協力して，どれだけ失敗せずにつなぐことができるのかを競い合うゲーム。カテゴリーもチーム毎で話し合って決めると，更に盛り上がる！

■ 交互にお題が違う

　曜日と月等，お題を2つ用意。交互に違う3つを言っていく。全員が混乱するのが，逆におもしろい！

禁じ手

「Sunday, Monday, Thursday」「Thursday, Sunday, Monday」全員正しい答えを知らない……。

外国語活動 26 手目

Yesを集めろ！

Can you swim?

Yes, I can.

こんな決まり手！

先生　「『Yes を集めろ！』やるよ〜。ようい，スタート！」

子ども A「B さん，『Can you swim?』」

子ども B「Yes, I can. A さん，『Do you like tennis?』」

子ども A「Yes, I like. ヤッター！　2 人ともポイントね！」

子ども B「やったね！」

注意事項！

- いくつかの疑問文を習ってから取り組むようにしましょう。
- 質問した側は答える側にまわりましょう。

解 説

　"Can you 〜" "Do you 〜" "Will you 〜" 等いくつかの疑問文を学んだ後，どれだけ理解できているのかを試すのに，適したゲーム。ルールは簡単。相手が "Yes." と答えると予想される質問をする。相手が予想通り "Yes." と答えたら1ポイント獲得。制限時間内により多くの Yes を集めた子どもが優勝！　ひたすら "Are you human?" と明らかに "Yes." しか返って来ない質問をし続ける子どもがいるので，質問は1回のゲーム内では重ならないようにしておくべし。

応 用 ！

■ カードをビンゴ風に

　"Can 〜" "Do 〜" "Will 〜" 等を3マス×3マスのカードに記入しておき，Yes が得られた質問に○をつける。縦・横・斜めで○が揃ったら勝ち。

■ No を集めろ！

　"Can you fly?" "Can you eat book?" 等，ぶっとんだ質問連発に，大爆笑！

■ Yes の数を当てろ！

　出題者が1人と回答者が複数人。出題者は問題と Yes と答える人数を考える。予想とピッタリの時の教室が，ただただ騒がしい……。

禁じ手

気になる子へ "Do you love me?" と告白の場に利用する……。

ナンバードン！

ナンバードン！

Seven！
よし！

こんな決まり手！

先生　「『ナンバードン！』やるよー！」
子ども「ヤッター！」　先生「ようい，はじめ！」
子どもA「いくよー」　子どもB「よし！」
子どもAB「ナンバー……ドン！」　子どもA「7！（seven）」
子どもB「やられた〜」

注意事項！

■ 時間内にたくさんの友だちと取り組めるように
　しよう！
■ 先生も一緒に入って楽しみましょう！

解 説

　「ナンバードン！」と言って，互いに出した指の本数のたし算の答えを英語で速く言えた方の勝ち。いわゆる算数ジャンケンの英語版といったところだろうか。低学年から高学年まで幅広い段階で取り組むことができ，かつ短い時間で終えることができるので，少しの隙間時間で子どもたちは大満足を得られる。

　出し手は全部グー（0ゼロ）。相手の指の本数を見て答えを導き出す子どもが続出するので，気をつけされたし……。

応 用 ！

■ 四則計算

　段階に応じてたし算，ひき算，かけ算，わり算と取り組んでみるといいだろう。異常に計算の速い学級となること間違いなし！

■ 足の指も使って

　手の指だけでなく，裸足になって足の指も活用しよう。何本上がっているかわからず，大混乱必至……。

■ 同じでハイタッチ！

　「ナンバードン！」「1（one）！」互いに揃ったらハイタッチ！　勝ち負けのないゲームに，ほっこり感が半端ない！

禁じ手
いかなる時も「1（one）」と言い続ける子ども……。

10の質問

Yes, it is.

Is it hard?

こ ん な 決 ま り 手 ！

先生　「じゃあこのイラストの中から１つ選んでね」

子どもA「決めたよ！」　先生「では，『10の質問』スタート！」

子どもB「Is it hard?」　子どもA「Yes, it is.」

子どもC「Is it sweet?」　子どもA「Yes, it is.」

子どもD「はい！　It's chocolate！」　子どもA「Very good.」

注意事項！

■ 色や形，外見で区別がつく要素のカードは複数
用意しておこう！

■ イラストは子どもにとってなじみのあるものに
しましょう。

解説

　　出題者が選んだイラストは何なのか？　を英語で質問していきな
がら，見つけるゲーム。質問は頭に浮かんでいるのだけれども，そ
れを表す英単語が思い浮かばず，自分の知っている英単語を含んだ
質問になってしまう等，何ともはがゆい想いを繰り返すことだろう。

　　出題者は"Yes." "No." の他に "I don't know." が選択できる。
もしも得意気に難しい英語で質問しても "I don't know." で終わら
れる場合もあるので注意されたし。

応用 !

■ イラストを使用しない

　範囲を設けずに，出題者のみぞ知る。あらかじめ答えは紙に書いて先生に
は渡しておこう。あまりの難しさに，ただただ盛り上がる！

■ クラスの子どもを当てる！

　あらかじめ自己紹介カードを書いてもらい，先生がその子ども代わりに
なって答える。自分に自分が質問するということも……。

■ 何秒でクリア？

　イラストを1人の回答者以外全員が見える状態でスタート。回答者は次々
と質問していき，誰が答えてもよい。ただただ騒がしい……。

禁じ手

"I cute?" 等，ゲームと全く関係のない質問
をする……。

重ねて重ねて

こんな決まり手！

先生　「『重ねて重ねて』よういスタート！」

子どもA　「Apple」

子どもB　「Apple, Grape」

子どもC　「Apple, Grape, Orange」

子どもA　「Apple,……あれ何だっけ？」　子どもB・C「やったー！」

注意事項！

■ テンポよく進めましょう！

■ 種類の多いお題を設定しておきましょう。

解説

　お題に当てはまる単語を順々に重ねていくゲーム。引っかかったり，忘れてしまったりしたら負け。ルールは単純だが，発想力と記憶力とリズム感を要する，取り組んでみると意外に難しいゲームだ。

　色や食べ物等の定番から形や感情等のマイナーお題まで，発達段階に応じてお題を変えることができるので，幅広い子どもたちが取り組める。

　個数が重なり過ぎると，誰も正確な順番や単語を覚えていなく，相手を指摘する余裕すらもないので，永遠に続く可能性も……。

応用 !

■ "しりとり" 重ねて重ねて

　「apple → ruby → ink」等，しりとりで重ねていく。途中で英語？　日本語？　外来語？　よくわからない言葉も出てくるが，気にせず続けよう！

■ "色→物→色→物" 重ねて重ねて

　「red → post → blue → sea」等，ある一定の規則でつないでいく。同じ色が何度登場しても OK ！

■ 何個重ねられる？

　相手のためにいかに簡単でわかりやすい単語を重ねていくかが鍵。100個重ね終わった後には達成感に涙が……。

禁じ手

重ね過ぎて，気がつけば夜中になってる……。

What time is it?　ゲーム

> What time is it?

> It's seven o' clock.

> Egg !

こ ん な 決 ま り 手 ！

先生　「『What time is it?　ゲーム』やるよ！」「よ～い，スタート！」

子どもA「(パンパン)　What time is it?」

子どもB「(パンパン)　It's seven o'clock.」

子どもC「(パンパン)　Egg!」

つまったり，止まったりしたら負け～！

注意事項！

■ 一定のテンポで進めましょう。

■ 時間のイメージに合う合わないをしっかりと判断しましょう。

解 説

　　1〜24までの数字の書いたカードを用意する。1グループ4人程度で「（パンパンと手拍子の間にカードをめくる）What time is it？（時刻を尋ねる）→（パンパン）It's seven o'clock.（時刻を答える）→（パンパン）Egg！（時刻に合ったイメージの単語を答える）の順番を繰り返していく。つまったり，とまったりしたらアウトだ。

　　時刻に合うイメージの単語は重ならないように。特に21〜5までは「Sleep」の単語が連発する可能性大。気をつけろ！

応 用 ！

■ 色カードの活用

　数字カードを色カードに変える。流れは同じ。"What time is it?" を "What color is it?" に変える。色に対する色々な発想がおもしろい！

■ 時間固定

　「7」ならば7時に関するイメージの言葉をつないでいく。「get up」「sunrise」「morning」等……意外とつながるので盛り上がる！

■ 徐々にスピードを上げる

　言葉の通り。徐々にスピードを上げていく。最後は何を言っているかわからないので注意を！

禁じ手
何を出されても「う○こ」……。

Who is ～？

He likes soccer.

はい！
Bくん！

こんな決まり手！

先生　「『Who is ～？』やるよ！」

先生　「He likes soccer.」　子どもA「はい！　Aくん」

先生　「残念。続きいくよ。He wants to be a teacher.」

子どもB「はい！　Bくん」

先生　「正解！」　子どもB「ヤッター！」

注意事項！

■ 実施時期は子どもたちが学級に慣れてきた6月
　～がおススメです。

■ 数回に分けて取り組んで，学級の子ども全員を
　紹介できるように！

解 説

　相手を知る，自分を知ってもらうことで安心感を得るといったことはないだろうか。しかし，恥ずかしがり屋や，口下手で上手く人と話すことができない子どもが多いのも事実。そこでクラスにも慣れはじめてきた時期に"Who is 〜"に取り組むとよい。友だちから色々な情報を聞き出し，自分を紹介する文も書く。日本語だと難しいことが，英語だとできてしまうから不思議なものだ。ただし，体重や身長など身体的なことに関する質問はNGだ。気をつけたまえ！

応 用 ！

■ **好きなもの・嫌いなものクイズ**

　"What is ○○'s 〜" と尋ね，答えるといったシンプルなゲーム。答えられないと悲しくなるので，そのあたりはご注意を。

■ **もの編**

　"He stands everyday. He is red. 〜" "It's post!" 等，"もの"を対象にするのもおもしろい！

■ **〜といえば**

　「○○といえば〜」でその人やものにまつわるキーワードを英語で記していくゲーム。一番多く書けた子どもや先生の考えたキーワードを書けた子どもの勝ちなど，勝敗の方法は色々と工夫を！

禁じ手

4月初日から，相手のことを根ほり葉ほり聞きまくる……。

外国語活動 **32** 手目

英単語列車

Apple,
orange……

Grape,
Peach……

こんな決まり手！

先生　「今日は『英単語列車』やるよ！」「よ〜い，スタート！」

子どもA「Apple, orange……」　子どもB「Apple, orange……」

　　「（出会ったところで）Rock, scissors, paper……123」

子どもA「やったー！　Banana, pineapple……」

子どもB「負けたから次の人と交代だ……」

注意事項！

■ 単語ははっきりと大きな声で！

■ カードをしっかりと指差ししよう！

解説

　両チーム（4〜5人ずつ）が1列に並べられたカードの両端に並ぶ。
教師の合図とともに，並べられたカードに描かれたイラストの名
前を英単語で答えていく。相手チームと出会ったところでジャンケ
ン！（Rock, scissors, paper……123）勝った者は次のカードへ，負
けた者は自チームの列の最後尾へ回り，次の者がスタート！　相手
チームの一番始めのカードを指差し，英語で答えられた方の勝ち。
　急ぎ過ぎて，発音を適当にする子どもが続出……気をつけろ！

応用！

■ チームで取り組む

　男子対女子，班対抗戦などグループ対決は，参加できる人の数も増え，教
室も大いに盛り上がります！

■ イラストと違う英単語を発する

　リンゴのイラストを見たら，「apple」と答えるのは当たり前。あえて違う
単語を発させることで右脳の活性化につながります！

■ 単語を発した後に○○

　「単語を発したらその場で2回回る」，「単語を発したら犬のモノマネをす
る」など○○を設定。ただただ盛り上がります！

禁じ手

誰も聞いていないだろうと，中国語やアラビ
ア語を発していく。英語の学習にならない
……。

色カード対決

Red！

こんな決まり手！

先生　「色カードを配って！『色カード対決』はじめるよ」

子どもA「Red！」

子どもB「Green！」

子どもC「茶色は……う〜んわからない！」

子どもA・B「やったー！」

注意事項！

- 色カードは24色のものを8セットほど用意し
  ましょう。（折り紙可）
- テンポよく進めましょう。

解説

　坊主めくりのように（と言っても坊主めくりを知らない先生方も増えてきているような……），カードを順番にめくっていく。めくったカードの色を間髪入れずに答えることができれば，自分のカードにすることができる。間違えたら，そこまで集めていたカードをすべて没収。次に正解した子どもがすべて持っていくことができる。時間内により多くのカードを持っている子どもの勝ち。山葵色や撫子色等，珍しい色を入れ子どもたちを混乱させるべし……。

応用！

■ ラッキーカラールール

　○○色がラッキーカラー！　○○色が出たら誰からでも合計10枚のカードを奪うことができる。ルール１つつけ加えることで盛り上がり方が変わる！

■ ドボンカラールール

　上のルールと正反対。○○色がドボンカラー！　自分のカードを向かいの友だちに10枚渡さなければならない。これはこれで盛り上がる。

■ あえて違う色を言う

　めくったカードが赤ならば「blue」，青ならば「green」等，あえて異なる色を言う。これが意外と難しい……。

禁じ手
茶色をめくってう○こと言う……。

パネルゲーム

こ ん な 決 ま り 手 ！

先生　「じゃあ今日は『パネルゲーム』で終わるよ！」

1ぱん「せ～の『soccer』」　先生「3 points！」

2はん「せ～の『basketball』」　先生「1 points！」

3はん「せ～の『golf』」　先生「10 points！」

3はん「やったー！」

注意事項！

■ 単語を学習した授業の後に取り組むとよいでしょう。

■ ポイントの差がつくと盛り上がらないので，気をつけましょう。

解説

　黒板に約20枚のパネルを貼る。パネルはその日習った単語が中心。子ども（グループ）はその中から1枚のパネルを選んで言うだけ。パネルの裏には得点が書かれており，得点が高かった子ども（グループ）の勝ち！　たったこれだけのゲームだが，高学年の子どもも楽しんでくれるのだから不思議なものだ。準備もルールも簡単なので，少し残った時間や隙間時間に取り組むことができるのも有難い。得点が低いと「う～わ。騙した」等とわけのわからないことを言う子どもが続出する。気をつけろ！

応用！

■ ドボンイラスト

　パネルをめくると，そこに担任のイラストが！　残念ながらこのパネルを引いたグループは0ポイントに！

■ 大逆転カード

　パネルをめくると，そこには天使のイラストが！　おめでとう！　すべてのグループのポイントを自分のポイントにすることができる。一発大逆転も！

■ パネル縮小版

　パネルを小さくし，カードサイズに。グループで取り組めるので，1人あたりの活動する機会が増え，英語力もしっかりと身につく。

禁じ手

パネルをめくり過ぎて，腱鞘炎になる……。

神経衰弱ゲーム

Strawberry！

こんな決まり手！

先生 「『神経衰弱ゲーム』やるよー！」

子どもA 「じゃあまずは私からね……違った」

子どもB 「次は僕だね。あ！ さっき出たやつだ！」

子どもC 「ありがとうね！ これは英語で……strawberry！」

子どもA・B 「やられた～！」

注意事項！

■ 何のカードなのか，大きな声でしっかりと発音しましょう。

■ めくったカードは元の位置に戻しておきましょう。

解 説

　トランプゲームでお馴染みの「神経衰弱ゲーム」。裏向きになっているカードを2枚めくり，同じ数字が揃えば，自分のものにできる。時間内に何枚のカードを手に入れることができるのかを競い合うゲーム。

　カードには数字ではなく，イラストが描かれているだけで後のルールは神経衰弱とほぼ同じ。ただし，揃ったイラストの名前を英語で言わなければならない。手に入れたカードのイラストの名前がわからずにぐちゃぐちゃにする子どもが続出……気をつけたまえ。

応 用 ！

■ 暗記タイムの設置

　はじめはすべて表向きにしておき，暗記タイムを設ける。これで1枚も取ることができない子どもはいなくなるはず！

■ 大逆転カード！

　大逆転カードなるカードを用意しておき，それをめくった人にいいことが起こるルールを設置。いいことの内容は子どもたちに考えさせると，おもしろい！

■ 予言制度

　めくる前に予言する。予言通りのカードをめくることができれば，続けてめくることができる！

禁じ手
やり過ぎて，本当に神経が衰弱する……。

外国語活動 **36** 手目

ただただおもしろい発音対決

メーキャニキャルペンシル

メカニカルペンシルシル

メンカンニンカンルンペンペン

こんな決まり手！

先生　「今日のお題はこれ！　mechanical pencil（シャープペンシル）」

子どもＡ「メカニカルペンシルシル」

子どもＢ「メーキャニキャルペンシル」

子どもＣ「メンカンニンカンルンペンペン」

先生　「どれも甲乙つけ難いけど……Ｂの勝ち！」

注意事項！

- 声を出させることを一番に考えよう！
- 顔や表情でごまかされないように目をつぶって審査しよう。

解説

　英単語をただただおもしろく発音した方が勝ちという何ともシンプルなルール。正しい発音？　発音記号？　そんなものは関係ない。ここで肝心なのは声を出すということ。英語っぽく話すことができないから，スラスラと流暢に話すことができないことを理由に，恥ずかしくてあまり声に出すことができない子どもたちには持って来いのゲーム。単語がおもしろい発音と共に頭に残り，その単語を覚えることができるのだから不思議なものだ。正しい発音がわからなくなってしまう可能性も……気をつけされたし。

応用！

■ 表情も評価に加える

　発音だけでなく，表情も評価に加える。もはや何を言っているのか，わからない……。

■ 短い単語しばり

　長い単語だと少々恥ずかしくて……そんな子どもには「touch」や「put」等短い単語を発音させてみよう。短いからと侮るなかれ，大いに盛り上がる！

■ 会話文を読んでみる

　教科書に出てくる，英文をおもしろおかしく読んでみよう。もはや何語の？何の？　学習をしているか，端から見てもわからない……。

 禁じ手

「soft cream」を「ソーチョクモーム！」と発音する。やりすぎ……。

What do you want?　ゲーム

I want a banana.

What do you want?

こんな決まり手！

先生　「『What do you want?　ゲーム』やるよー！」

子どもA「じゃあいくよ。What do you want?」

子どもB「I want a banana.」

子どもA「Please！」

子どもB「カードが増えてしまったよ！」

注意事項！

- "What do you want, I want ○○." は大きな声で！
- 会話をしていない子どもがいないかチェックしておこう！

解説

　あるジャンルのカード10枚の内，5枚を持ってスタート。相手が見つかったら，"What do you want?" と尋ねる。相手が "I want ○○." と答えたカードが手元にあれば，"Please." と言って渡すことができ，なければ "Sorry." と言って何も渡さない。質問が終われば，役割交代。自分の手元のカードにあるものの中から，1つ選び答える。相手が持っていれば，自分のカードと合わせて2枚のカードを捨てることができる。時間内にカードが無くなる，もしくはカードの枚数が少ない人の勝ちだ。

応用！

■ 日本語 OK！

ほしい物の英語が出てこない場合は「れぇんぎょ（りんご）」等，英語っぽい日本語で OK！　その言い方にただただ盛り上がる！

■ チーム戦で

カードを用意するのが大変な場合はチーム戦で。役割を次々と代えていき，英語で話す機会をしっかり保障しよう！

■ 逆バージョン

ババ抜きルールをやめて，たくさんカードを持っている人の勝ちにする。積極的に関わろうとする子どもの姿が見られる。

禁じ手

"What do you want?" "I want all." 等と帝王のようなことを言い出す……。

並んで！ ゲーム

こんな決まり手！

先生 「カードは持ちましたか？ では，よういスタート！」

子どもA 「ぼくの持っているカードは『S』だよ！」

子どもB 「私は『N』だから何かできそう！」

子どもC 「SNOWいけるよ！」 子どもD 「私『W』だよー！」

子どもABCD 「できた！ せーのSNOW！」

注意事項！

- アルファベット26文字のカードを用意しよう。
- 積極的に入っていけない子どもを把握しておきましょう。

解説

　A～Zまでの26種類のアルファベットを１人１枚ずつ適当に配布し，自分のカードの文字と友だちの持っているカードの文字を組み合わせて，意味のある英単語を早く作ることができたら勝ちという，何ともシンプルなゲームである。ゲームを繰り返していくと「x」や「q」の文字が入る英単語が少ないことに気づくようになり，カードを配布した時点で「あー」や「きゃー」といった嘆きや歓声が起こる。誰かが呼んでくれるだろうと頭から考えない子どもには十分に注意されたし。

応用！

■ 文字制限

　「３文字の単語！」「５文字の単語！」など字数制限をかけることで，ますます盛り上がる！

■ 一番長い英単語！

　文字通り，一番長い英単語を作ることができたグループの勝ち。30文字を超える英単語もあるので，最後はクラス全員でということも……。

■ １人で何個のグループに入れるか？

　制限時間内で次々と英単語を完成させていき……さぁ何個の英単語グループに参加することができるだろう。

禁じ手

「L」服のLサイズのL，「Y」YシャツのY
など，関わりたくないので何とか１人で完結
しようとする子ども……。

めくって文作って！

> 傘，笑っている人，新聞！

> I read a newspaper……

> どうぞ！

こんな決まり手！

先生　「『めくって文作って！』しようか。このゲームは難しいよ」

子どもＡ「じゃあめくるね。傘，笑っている人，新聞か……」

　　　　「I read a newspaper yesterday. I smiled……」

子どもＢ「すごい！　クリアだ！　次は僕だね」

　　　　「ケーキ，ゴルフ，宇宙……もうわかりません」

注意事項！

■ 1語，2語と徐々に言葉数を増やしていきましょう。

■ 低学年，中学年には少し難しい。高学年向き！

解 説

　イラストの描かれたカードを裏向けにして並べておく。3枚のカードを選んで，めくる。出てきた3つのイラストが出てくるように3文を作る。1つ入れることができたら1ポイント，2つ入れることが2ポイント，3つすべて入れることができたら5ポイント獲得だ。時間内にたくさんのポイントを獲得できた人の優勝。

　子ども同士で取り組む場合，正しい判定ができない可能性大。耳をそばだてて，勢いでごまかそうとしている子どもがいないか監視されたし。

応 用 !

■ 3文中○文で OK！

　3文中1文は英語で，残りは2文は日本語で OK！　としておくとクリアできる子が増えて，盛り上がる！

■ 3人1チームで！

　1人1文を考え，つないでいく。3人が意味のある話に仕上げることができた時……異様なテンションとなる！

■ 対戦型

　1文ずつを交互に言い合う。言えなくなった方が負け。

禁じ手

カードをめくることにテンションが上がってしまい，ポルトガル語で3文を作る……。

いつ使うの？　このセンテンス

Can you fly?
No, cannot.

どうぞ！

３歳ぐらいの男の子がね，
飛んでる鳥を見て……

こんな決まり手！

先生　「『いつ使うの？　このセンテンス』ゲームしようか」

チームA　「ではこれで。Can you fly?　No, I cannot.」

チームB　（相談後）「３歳ぐらいの男の子がね，飛んでる鳥を見て，飛び
たくなくなった。その時の質問と答え！」

チームA　「いいでしょう！」　チームB　「ヤッター！」

注意事項！

■ 細かいことは気にしない。言葉に合う状況を考
えることが大事。

■ 低学年，中学年には少し難しい。高学年向き！

解 説

　受験の参考書などを読んでみると，"What is this?" や "This is a pen." 等，その会話いつするの？　といった例文が掲載されていることがある。この例文に見合った状況を考えようと試みて生まれたのが「いつ使うの？　このセンテンスゲーム」だ。

　ルールは非常にシンプル。下記にある一風変わった例文の状況を日本語で説明できればクリア。例文は相手チームが選ぶ。細かいことは気にするな。条件を満たしたならば，それはたいそう立派なことだ。

応 用 ！ （このゲームに使えるセンテンスと解答例）

■ "Which is longer right or left?" "I don't know."

　ありそうでなかなかない会話。初々しい初デート。テンション上がった彼女が文房具屋で「どっちのえんぴつの方が長いでしょうか？」と質問した場面にしておきましょうか……。

■ "What are you doing now?" "I'm buying pair of glasses."

　ありそうでなかなかない会話第2弾。めがね屋さんで会計をしようとしている元彼女と3年ぶりにたまたま再会した場面。何を話してよいかわからず……男の人が尋ねた場面にしておきましょうか……。

禁じ手

"Do you know me?" "No, I don't." 深く考えれば考えるほどこわい……。

外国語活動 **41** 手目 反対語ゲーム

White！

Black！

こんな決まり手！

先生　「『反対語ゲーム』やるよ！」「よ〜い，スタート！」
子どもA「White！」　子どもB「Black！」
子どもB「Big！」　子どもC「Small！」
子どもC「Good！」　子どもD「う〜ん」
チームA「ヤッター！」

注意事項！

- 一定のテンポで進めましょう。
- 反対言葉がないような単語（dog 等の生き物の名前など）を言った場合は，言ったチームの負けに。

解説

子どもの会話を聞いていると「○○の反対は何でしょう？」など
が話題にあがることがある。それだけ子どもにとって反対語は興味
のあるものであり，反対語を考えることもまたおもしろいのだろう。
それならばいっそのことゲームにしてしまえと考えたのがこの反対
語ゲーム。4人チームが縦1列に並び相手と正対する。相手が示し
た言葉に対する反対語を言う→相手へのお題となる言葉を言う→自
分のチームの列の最後尾に並ぶを繰り返す。反対語博士がクラスの
半分を占めることになる。

応用！

■ くくりは一緒

「Smile」「Laugh」,「Large」「Big」など意味の同じ言葉を返す，カテゴリー
が同じ言葉を返す。これが意外におもしろい。

■ みんなでつなげよう！

どれだけ反対語をつなげられるか。なるべく簡単な言葉を出していくこと
が大切！

■ ジェスチャー

"Left hands up!" ならば右手を下げるジェスチャーを！　等相手の言った
言葉の向きと反対の向きでジェスチャーする。

禁じ手

"Good!" "Dog!" ……勢いで答え，その場
をごまかす。

アルファベットファッションショー

こ ん な 決 ま り 手 ！

先生　「最後は今日習った『R』のアルファベットをかっこよく，または かわいくしてみてください！」

子どもＡ「私はここにお目目を描いて……」

子どもＢ「ぼくは，さかさまにして……」

先生　「じゃあ今日のチャンピオンはこれ！」　子どもＣ「ヤッター！」

注意事項 !

■ 文字を習いはじめた低学年向き。

■ 色使いや文字の活用の仕方等，色々な角度から 褒めるようにしましょう！

解説

　英語って何だか難しい！　英語の授業っておもしろくない！　英語に対して抵抗感を感じる子どもは意外と多い。そこで英語を身近に感じてもらうためには「アルファベットファッションショー」に取り組まれるとよいだろう。

　英語を話さない，英語を書かない。ただ色を塗ったり，大好きな絵を描いたりするだけ。子どもたちは楽しみながら，アルファベットの形に親しみ，いつの間にか覚えてる！……なんてこともあるぞ。

応用！

■ ねんど遊び

　習ったアルファベットをねんどで作ってみる！　何度も文字を見ることでいつの間にか覚えている……なんてことも。

■ 人文字

　習ったアルファベットを人文字で作ってみる！　学級で全員で「A」を作ったら，高いところから記念撮影で大盛り上がり！

■ アルファベットを組み合わせて……

　アルファベットを組み合わせて，不思議な形を作ったり，絵ができたり……子どもの創造性を育みます。

禁じ手
真っ黒く塗って……はい，う○こ……。

英語でストーリー作り

こ ん な 決 ま り 手 ！

先生 「この絵の吹き出しにはどんな言葉が入るかな？」

子どもA 「何かおじいさんがおばあさんを笑わせているようね」

子どもB 「おばあさんは幸せそうな顔しているな」

子どもA 「I make you happy！」

子どもB 「Me too. という感じかな」

注意事項！

- 昔話をモチーフにすると書きやすいでしょう。
- 一言，二言でも書いたことをたくさん認めてあげましょう！

解説

　　作文が嫌いな子どもでも，お話作りや吹き出しにセリフを書き入れるような活動だと喜んで取り組む。お話作りを外国語活動に取り入れたのがこのゲームである。

　　ある場面のイラストがあり，吹き出しがある。そこにセリフを英語で書き入れる。どのグループがおもしろいか，感動したか……評価はその都度お題に合わせて。国語も算数も「吹き出しがないから書けない！」なんてことがないように……注意されたし。

応用！

■ **四コマ漫画に挑戦！**

　1つのイラストでも難しいのに……ストーリーの展開やオチまで英語で。高学年におススメ！

■ **吹き出しに合う絵を描く**

　吹き出しのセリフを読み取って，それに合うイラストを描く。全く場面の異なるイラストができるので，盛り上がる！

■ **劇化する**

　答えができたら，前に出て劇化する。文面だけでは伝わらない，思いが身振り手振りで表現され……ただただ盛り上がる。

禁じ手

語尾にかならず「ござる」をつける。語尾の癖がすごい……。

If you say banana!

Banana is yellow.

Yellow is giraffe.

こんな決まり手!

先生　「If you say banana. Banana is yellow.」

子どもＡ「Yellow is giraffe.」

子どもＢ「Giraffe is long.」

子どもＣ「Long is ……」

子どもＡ・Ｂ「ヤッター!」

注意事項!

- テンポよく進めましょう!
- 細かい部分(longは長いであって，首が長い意味はない)は気にせず言えればOKの感じで!

解説

　もうバレているであろうが，"If you say banana!" は一世を風靡した「マジカルバナナ」の英語版である。英語に変えただけでおもしろいの？　と思われる先生方。百聞は一見にしかず，ぜひ一度お試しいただきたい。

　語彙数の少ない小学生。とにかく同じ言葉が繰り返し出てくるが，気にせず進めよ。表現すること，発すること，楽しむことが目的なのだ。

　あまりにおもしろくて，家でやるのはいいが，世代のギャップにお父さん，お母さんはパニック。事前に説明をされたし。

応用！

■ クラスメイト→印象

　「佐藤くん→ run fast」「大森くん→ eat much」等クラスメイトの印象を英語で次々とつないでいく。みんな HAPPY！

■ 物→色

　上の色版。答えが明確なので取り組みやすくなる。低・中学年向き！

■ 英語→日本語を交互に

　"If you say banana. Banana is yellow."「黄色と言えばキリン」"Giraffe is long."……ただただ難しい。

 禁じ手

「Yellow is う○こ」……英語じゃないし，いろんな意味でダメ……。

同時通訳ゲーム

> I want to be a teacher.

> 私は，朝にコーンフレークを食べました

こんな決まり手！

ALT　「I want to be a teacher.」

子ども（通訳）「私は，朝にコーンフレークを食べました」

ALT　「Becase I loved teacher in the highschool.」

子ども（通訳）「なぜならボリボリという音を朝から聞かないと気が済まないのです」

注意事項！

- ALT の先生との打ち合わせは十分にしておきましょう。
- 意味が合っている，合っていないを評価の基準にしないこと。

解説

テレビなどで同時通訳をする人の姿を見て,「すごいなぁ」や「かっこいいなぁ」等の感嘆や憧れの想いを抱いたことのある人間は少なくないはずだ。そんな子どもの憧れを実現させてあげられるのが「同時通訳ゲーム」だ。ルールは至ってシンプル。ALT が英語を話している間中,自分の思いのままに日本語を話していたらよい。大切なのはタイミング。同時に話し始め,同時に話し終えることで,「っぽさ」が生まれる。自信を持って外で試すような子どもが現れれば,中止をおススメする。

応用 !

■ ○○語バージョン

国の言葉の発し方にはそれぞれ特徴がある。色んな国の言葉の同時通訳をしてみることで,言葉のおもしろさを実感することができる。

■ 逆バージョン

自分が話す日本語に ALT が同時に英訳をする。気分はハリウッドスター！ただし何の学びもないことはどこかで自覚しておこう。

■ ALT の日本語を同時英訳

これは一見ハードルが高そうであるが,ALT の日本語能力もそこそこなもの。意外とできるので,みんな大喜び！

禁じ手

通訳であることをよいことに,悪口や下ネタを言い続ける……。

I want to go to ゲーム

I want to go to Italy.

Italy Italy
ピザおいしい！

こんな決まり手！

先生　「『I want to go to ゲーム』やるよ！」

子どもA「♪　I want to go to Itary.」

子どもB「♪　Italy, Italy ピザおいしい！　I want to go to America.」

子どもC「♪　America America ……出てこない」

子どもA・B「やったー！」

注意事項！

■ リズムに乗って！（リズムは学級の子どもたち
に合ったもので）

■ 偏見や差別につながる言葉が出ないように注意
しましょう。

解説

　「(リズムに合わせて) 行きたい国を言う→相手の行きたい国の名前を2回繰り返して，その国のイメージを言う→自分の行きたい国を相手に伝える」途中で詰まってしまったり，国のイメージとかけ離れたことを言ってしまったりしたらアウトというゲーム。

　このゲームで一番大切なのは何と言ってもリズム。先生が作るのもよいが，子どもに任せてみるのも1つの手。おもしろいリズムが生まれる。その国に対する偏見や間違いがないように……注意されたし。

応用!

■ どれだけ続けられるかな？

　チーム戦に。どれだけチームで続けられるかを競い合う。相手がイメージを持ちやすい国を伝えられるかがカギとなる。

■ ○○バージョン

　国だけでなく，フルーツやスポーツ等何でもありにする。その場合は "I want to go to ～" ではなく "It is ～" ぐらいの文面で。

■ イメージにないことを言う

　言われた国のイメージに合わないものを言う。「JAPAN JAPAN　紅茶好き！」など。意味のわからない回答にただただ盛り上がる。

禁じ手

「JAPAN JAPAN　俺すごい」……何でも自分が出てくる……。

ピ○太郎ゲーム

I have a dog.
I have a cat.

Oh, dogcat !
I have a ○○……

こんな決まり手！

先生　「『ピ○太郎ゲーム』やるよ〜！」

子どもＡ「では僕からね。I have a dog. I have a cat.」

子どもＢ「Oh, dogcat！ I have a grape. I have a candy.」

子どもＣ「Oh,……わからな〜い！」

子どもＡ・Ｂ「やったー！」

注意事項！

- テンポよく進めましょう。
- 何と言ったかがはっきりとわかるように相手に
伝えましょう。

解説

　かつて世の中を風靡したピ〇太郎の「♪　ペンパイナッポーアッポーペン」。それを活用した外国語活動が「ピ〇太郎ゲーム」だ。

　ルールは簡単。1人の子どもが "I have a 〇〇, I have a 〇〇." と言うことからスタート。次からの子どもは "Oh, 〇〇! I have a 〇〇, I have a 〇〇〜" とつなげていく。途中で詰まってしまったり，途切れてしまったりするとアウト。耳に残るリズム。国語や算数の時間等の説明する場面でこのリズムが使われ出す可能性も。気をつけよ。

応用 !

■ だんだんスピードアップ！

　初めはゆったりとしたリズムから。だんだんスピードを上げていって……あまりの速さにただただ盛り上がる！

■ 実際のモノに触りながら

　"I have a 〇〇〜" と言いながら，その〇〇を実際に持ったり，触ったりしながら歌う。移動も OK で，大盛り上がり！

■ ジェスチャーで

　"I have a 〇〇〜" 〇〇に見合うポーズやジェスチャーをしながら言う。滑稽な姿に，みんな大爆笑！

禁じ手

「Oh」の際に思いっきりし過ぎて，指の骨を折ってしまう……。

重さはいくつ？

さぁ何グラム？

ファイブ　ハンドレッド
フィフティー　グラム！

500

こんな決まり手！

先生　　「さぁこれで何グラム？」

1ぱん　「5 hundred 50 gram.」

2はん　「10 hundred gram.」

先生　　「正解は……5 hundred 64 gram.」

1ぱん　「やったー！」

注意事項！

■ 数字の学習後に取り組みましょう！

■ ピッタリな答えがない場合は，最も近い数字の
グループの勝ち。

解説

　　理科や算数でははかりや上皿てんびんを用いて，重さを計る。ただそれだけのことであるが，子どもは異様に集中し，そして異常に楽しみながら学習に取り組む。そんな"鉄板ネタ"と言っていい「はかり」を英語の学習でも活用してみるがよい。タイミングとしては100（hundred）や1000（thousand）等の大きな数を学習した後がよいだろう。クイズのような感覚で数字の勉強もできてしまう，一石二鳥。「先生の体重は？」「One hundred！」Shut up！（シャラップ！）

応用！

■ ピッタリ○○g！

　先生が英語で示した数字になるためには，何の重さがピッタリかを考え，実際に計ってみる。はかりに乗せた後，数字が示されるまでの時間の緊張感が何とも言えない。

■ 重さの示し合い

　2チームのマッチゲーム。相手のはかりに乗せた重さを当て合う。ただただ盛り上がる！

■ 身近な物の重さを予想，実測！

　「Shoes is 50g！」（実測）「120g 全然違うー！」みんな大爆笑！

禁じ手

本を5冊で……ワン！　鉛筆1本で……ワン！　何でもワン！

【著者紹介】

日野　英之（ひの　ひでゆき）

箕面市教育委員会指導主事。
1982年愛媛県生まれ。信州大学教育学部を卒業後，大阪府公立小学校で12年間勤務し，平成30年から現職。現在，「箕面教師力向上学習会」代表を務める傍ら，「関西体育授業研究会」「授業力＆学級づくり研究会（下記詳細）」「ただただおもしろい授業を追求する会」などにも所属。
『子どもも観客も感動する！「組体操」絶対成功の指導ＢＯＯＫ』『クラスの絆がグッと深まる！「なわとび」絶対成功の指導ＢＯＯＫ』『団体演技でみんなが輝く！「フラッグ運動」絶対成功の指導ＢＯＯＫ』『3年目教師　勝負の学級づくり』『同　勝負の授業づくり』『同　勝負の算数授業づくり』『5分でクラスの雰囲気づくり！　ただただおもしろい休み時間ゲーム48手』（いずれも明治図書）など共著書多数。

授業力＆授業づくり研究会（https://jugakuken.jimdo.com/）
「子ども，保護者，教師。みんな幸せ！」を合言葉に発足。
教科・領域・主義主張にとらわれず，授業力向上とみんなが幸せになれる学級づくりについて研究を進めている。
大阪を中心に，月1回程度の定例会，年4回程度の公開学習会を開催。

〔本文イラスト〕木村美穂・モリジ

教師力ステップアップ

心身リラックスでコミュ力アップ！
ただただおもしろい外国語活動48手

2019年10月初版第1刷刊 ©著　者	日　　野　　英　　之
発行者	藤　原　光　政
発行所	明治図書出版株式会社

http://www.meijitosho.co.jp
（企画）木村　悠（校正）関　裕子
〒114-0023　東京都北区滝野川7-46-1
振替00160-5-151318　電話03(5907)6702
ご注文窓口　電話03(5907)6668

＊検印省略　　　　組版所 株式会社木元省美堂

Printed in Japan　　　　ISBN978-4-18-282019-9

もれなくクーポンがもらえる！読者アンケートはこちらから →